JUST FOLLOW.
2023

SCM

01 1 2 3 4 5 6 7 **8** 9 10 11 12 13 14 **15** 16 17 18 19 20 21 **22** 23 24 25 26 27 28 **29** 30 31

1.1. Neujahr | 6.1. Heilige Drei Könige (BW, BY, ST)

HE DID IT. JUST FOLLOW.

Da wir von so vielen Zeugen umgeben sind, die ein Leben durch den Glauben geführt haben, wollen wir jede Last ablegen, die uns behindert, besonders die Sünde, in die wir uns so leicht verstricken. Wir wollen den Wettlauf bis zum Ende durchhalten, für den wir bestimmt sind. Dies tun wir, indem wir unsere Augen auf Jesus gerichtet halten, von dem unser Glaube vom Anfang bis zum Ende abhängt. HEBRÄER 12,1-2

02 1 2 3 4 **5** 6 7 8 9 10 11 **12** 13 14 15 16 17 18 **19** 20 21 22 23 24 25 **26** 27 28

14.2. Valentinstag | 20.2. Rosenmontag | 21.2. Fastnacht | 22.2. Aschermittwoch

GOTT®

nahe zu sein, ist mein **GLÜCK**. PSALM 73,28

31 aus 31

03

1	2	3	4	**5**	6	7	8	9	10	11	**12**	13	14	15	16
17	18	**19**	20	21	22	23	24	25	**26**	27	28	29	30	31	

8.3. Internationaler Frauentag (Berlin)

Power

OF THE CROSS

Wenn wir aber unsere Schuld zugeben, dann erweist Gott sich als vertrauenswürdig und gerecht. Denn er nimmt unsere Schuld von uns und macht uns rein von aller Ungerechtigkeit.
1. Johannes 1,9

1=∞

04 1 **2** 3 4 5 6 7 8 **9** 10 11 12 13 14 15 **16** 17 18 19 20 21 22 **23** 24 25 26 27 28 29 **30**

7.4. Karfreitag | 9.4. Ostersonntag | 10.4. Ostermontag

IF HE CAN, YOU CAN.

MIT DIR ERSTÜRME ICH WÄLLE, MIT MEINEM GOTT ÜBERSPRINGE ICH MAUERN.

Psalm	18.33
Jesaja	40.31
Apostelgeschichte	1.8
2. Korinther	12.9
2. Timotheus	1.7

Spirit God

S-Power

Supernatural Performance

06

1 2 3 **4** 5 6 7 8 9 10 **11** 12
13 14 15 16 17 **18** 19 20 21
22 23 24 **25** 26 27 28 29 30

8.6. Fronleichnam (BW, BY, HE, NRW, RP, SL)

Allmächtiger

Ich bin da.

Vertraue von ganzem Herzen auf den Herrn und verlass dich nicht auf deinen Verstand. **Sprüche 3,5**

Mehr unter: 3. Mose 19,4 | Psalm 32,10 | Psalm 33,20 | Psalm 37,5 | Psalm 37,39 | Psalm 50,15 | Psalm 111,5 | Psalm 118,9 | Psalm 56,4

07 1 **2** 3 4 5 6 7 8 **9** 10 11 12 13 14 15 **16** 17 18 19 20 21 22 **23** 24 25 26 27 28 29 **30** 31

Wenn dagegen der Heilige Geist unser Leben beherrscht, wird er ganz andere Frucht in uns wachsen lassen: Liebe, Freude, Frieden, Geduld, Freundlichkeit, Güte, Treue, Sanftmut und Selbstbeherrschung. **Galater 5,22-23**

Achtung, Realitätscheck, weil a) Galater 3,3 und b) Philipper 2,1-2.

08 1 2 3 4 5 **6** 7 8 9 10 11 12 **13** 14 15 16 17 18 19 **20** 21 22 23 24 25 26 **27** 28 29 30 31

1.8. Schweizer Nationalfeiertag | 15.8. Mariä Himmelfahrt (SL, tlw. BY)

09 1 2 **3** 4 5 6 7 8 9 **10** 11 12 13 14 15 16 **17** 18 19 20 21 22 23 **24** 25 26 27 28 29 30

10 1 2 3 4 5 6 7 **8** 9 10 11 12 13 14 **15** 16 17 18 19 20 21 **22** 23 24 25 26 27 28 **29** 30 31

1.10. Erntedankfest | 3.10. Tag der Deutschen Einheit | 26.10. Österreichischer Nationalfeiertag | 31.10. Reformationstag (BB, HB, HH, MV, NI, SN, ST, SH, TH)

Sammelt euch nicht Schätze hier auf der Erde, wo Motte und Wurm sie zerstören und wo Diebe einbrechen und sie stehlen, sondern sammelt euch

schätze

im Himmel, wo weder Motte noch Wurm sie zerstören und keine Diebe einbrechen und sie stehlen. Denn wo dein Schatz ist, da ist auch dein Herz.

MATTHÄUS 6,19-21

11 1 2 3 4 **5** 6 7 8 9 10 11 **12** 13 14 15 16 17 18 **19** 20 21 22 23 24 25 **26** 27 28 29 30

1.11. Allerheiligen (BW, BY, NRW, RP, SL) | 19.11. Volkstrauertag | 22.11. Buß- und Bettag (SN) | 26.11. Ewigkeitssonntag

★ Denn uns wurde ein Kind geboren, uns wurde ein Sohn geschenkt. Auf seinen Schultern ruht die Herrschaft. Er heißt: wunderbarer Ratgeber, starker Gott, ewiger Vater, Friedensfürst. Seine Herrschaft ist groß und der Frieden auf dem Thron Davids und in seinem Reich wird endlos sein. Er festigt und stützt es für alle Zeiten durch Recht und Gerechtigkeit. Dafür wird sich der Herr, der Allmächtige, nachhaltig einsetzen. **JESAJA 9,5-6**

12 1 2 **3** 4 5 6 7 8 9 **10** 11 12 13 14 15 16 **17** 18 19 20 21 22 23 **24** 25 26 27 28 29 30 **31**

3.12. 1. Advent | 6.12. Nikolaus | 10.12. 2. Advent | 17.12. 3. Advent | 24.12. 4. Advent/Heiligabend | 25.12. 1. Weihnachtstag | 26.12. 2. Weihnachtstag | 31.12. Silvester

Täglich strömen Tausende Werbebotschaften auf uns ein. Kein Wunder, dass wir einen Großteil davon gar nicht mehr bewusst wahrnehmen. Was wäre aber, wenn mehr dahintersteckte? Sarah Wetter hat zwölf bekannte Marken aufgegriffen und deren Produkte und Kampagnen mit der Bibel verknüpft. Die ungewohnte Perspektive auf vertraute Verse holt Gottes Wort in den postmodernen Alltag und ermutigt, an Jesus dranzubleiben: Just follow!

JUST FOLLOW. 2023

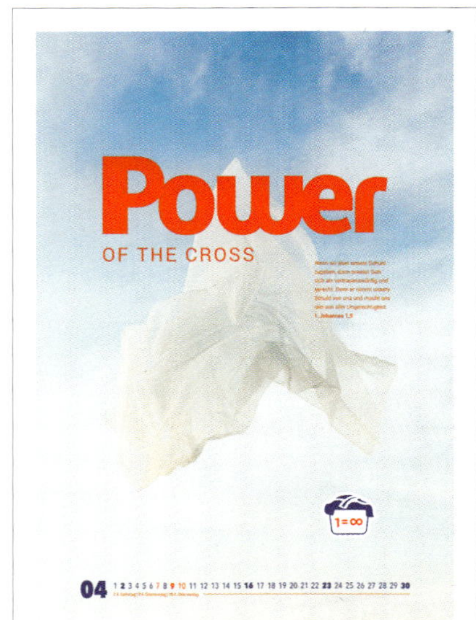

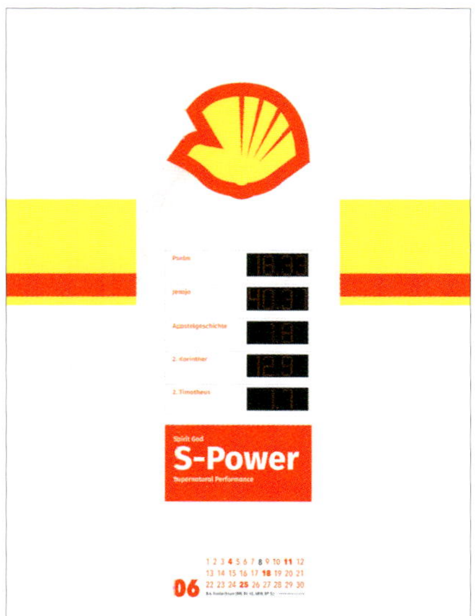

© 2022 SCM Verlag in der SCM Verlagsgruppe GmbH
Max-Eyth-Straße 41
71088 Holzgerlingen
Internet: www.scm-verlag.de
E-Mail: info@scm-verlag.de

SCM

Die Bibelverse der Monate 01, 02, 07, 08, 09 und 12 wurden folgender Ausgabe entnommen: Neues Leben. Die Bibel, © der deutschen Ausgabe 2002, 2006, 2017 SCM R.Brockhaus in der SCM Verlagsgruppe GmbH Witten/Holzgerlingen

Die Bibelverse der Monate 03, 05 und 11 wurden folgender Ausgabe entnommen: Einheitsübersetzung der Heiligen Schrift, © 1980 Katholische Bibelanstalt GmbH, Stuttgart

Die Bibelverse des Monats 04 wurde folgender Ausgabe entnommen: Das Buch. Neues Testament – übersetzt von Roland Werner, © 2009 SCM R.Brockhaus in der SCM Verlagsgruppe GmbH, Witten/Holzgerlingen

Gesamtgestaltung:
Sarah Wetter,
Frankfurt am Main

Bildnachweise:
Cover: Pexels, Jeffrey Czum
01: Pixabay
02: Pexels, Melvin Buezo
04: Pexels, Karolina Grabowska
07: iStock.com/mbolina

Druck und Verarbeitung:
PASSAVIA Druckservice
Gedruckt in Deutschland

ISBN 978-3-7893-4949-2
Bestell-Nr. 624.949.023

www.scm-verlag.de
ISBN 978-3-7893-4949-2
9 783789 349492